Dušan Radović
O PLAKANJU

I0180206

REČ I MISAO
Jubilarno kolo (1999)
KNJIGA 403

Priredio
MILADIN ĆULAFIĆ

DUŠAN RADOVIĆ

O PLAKANJU

Misli

IZDAVAČKO PREDUZEĆE „RAD"
BEOGRAD

dete plače čim se rodi
ne zna ništa drugo da radi
*
mala deca plaču
ne umeju da misle
umeju da plaču

deca plaču
kad izgube ono
što samo deca razumeju

*

deca plaču
mnogo hoće
malo mogu

*

ne plačite
pred decom
ne učite ih
plakanju
neka plaču sama

*

deca plaču bez razloga
nemaju zbog čega drugog
plakati

*

deca plaču
uvek
kad su roditelji
u pravu

plačemo
ne vole nas oni
koje volimo

*

teško je živeti
lakše je plakati

*

plačemo
mirimo se sa sudbinom

*

plačemo
ne umemo drukčije
žaliti

*

život je za plakanje

*

plačemo
kao da pišemo pesme

*

to je poslednje
što za nekoga
možemo učiniti

plačem
nad onim što smem
za onim što ne smem

*

setio sam se sebe
plačem

*

mislio sam da sam jak
plakao sam i priznao

*

plačem i smejem se
ne znam čemu se više čudim
plaču ili smehu

plače
misli da je nesrećan
ne zna da je srećan

*

— zašto plačeš
— ne mogu više da ćutim

*

neko se rastuži
tek kad zaplače

*

plače na pola puta
daleko od početka
daleko od kraja

*

sve mu je daleko
i nedostižno

plaču
oni koje niko ne voli
niko ne voli one koji
plaču

*

neki pevaju
zato što drugi plaču

*

plaču
nije im žao
ljudi
već nesreće

*

nema ljudi
isplakali smo ih

*

najviše bi plakali
oni koji ne mogu

*

plaču i oni
zbog kojih su mnogi plakali
kad na njih dođe red

*

još ne znaju šta je plač
plaču samo kad ih nešto boli

plače
nije srećan
a ne zna zašto

*

plače
ne može ono što hoće
mora ono što ne bi hteo

*

plače
jer je sebe
drukčije zamišljao

*

ne ume da kaže
ono što ume
da plače

*

rasplače se
kad vidi druge da plaču
žao mu da plaču

plaču oni
koji žale sebe

*

umiru oni
koje ima
ko oplakati

*

neko plače iz očiju
neko iz srca

*

plače
ko nema sreće
da ne plače

*

i plakanje
se mora
zaslužiti

*

veruj očima
ne veruj suzama

plače
čovek
sam
na svetu
nikoga
ne može
dozvati

plače da mu oproste
da više ne mora
plakati

*

plače
ne zna kuda će
jedino ne može tamo
kuda bi želeo

*

plače
ne sme da prestane
strašno je kad prestane

plaču
jer ih ne vole
možda će ih voleti
ako plaču

*

uvek
kad su jedni u pravu
drugi plaču

*

plaču od nemoći
teše se suzama

*

prevareni oplakuju one
koji su ih prevarili

*

voleti
čekati i plakati

*

kukaju iz glasa
bore se glasom
protiv nesreće

*

plaču prevareni
stide se
što ni sebe ne poznaju

*

plaču
kad niko ne vidi
poštuju svoju nesreću

grešimo i
opraštamo sebi
*
neka nam oproste oni
za kojima plačemo
*
plačemo
molimo one
za kojima plačemo
da nam oproste
*
znamo
da ćemo plakati
još ne znamo
zbog čega
*
plačemo
plačemo
sve je manje onih
koji će za nama
plakati
*
selimo se sa mesta na mesto
i plačemo
*
da li ćemo plakati
to ne zavisi od nas

strašno je
ni plakati se ne može
*

strašno jutro
— otvori oči
i plači
*

strašno je
malo je to što plačemo

plači
ako ne možeš
ništa drugo
*
plači
da te prođe
*
malo plači
malo trpi
lako je plakati
teško je trpeti
*
plači
ako ti je tako lakše
*
plači
i misli na sve one
koji plaču
*
plači
odmori se od bola
*
plači
to je zdravo
*
plači plači
za sve drugo je kasno
*
plači plači
praštaj ali ne zaboravljaj
*
plačimo plačimo na vreme
čekaju nas nova plakanja

tuđe nesreće
ne mogu nam pomoći
da ne oplakujemo svoju

*

jedni ginu
da bi drugi
mogli umirati

*

odlaze
dobri ljudi
plaču gori
od njih

*

i suze isparavaju

*

velika nesreća
nije za suze

*

neki umiru kasno
za plakanje

plače
a ne ume da plače
nije plakao
kad je bilo
lakše plakati
*
ne ume plakati
nesreća je
suviše ozbiljna
za plakanje
*
rasplakao se jak čovek
ružno lice
neko ne ume da plače
*
neki se samo oznoje od muke
a ne plaču
*
ne plače
guta suze
*
ne ume sam da plače
plače samo
kad drugi plaču

ljudi plaču
zbog ljudi
udari čoveka
da vidiš
kako plače

*

budi dobar
čuješ kako plaču
oni
koji nisu bili dobri

*

ćuti ćuti
neko plače
da čujemo
zašto plače

*

plačemo
nadamo se
da će i za nama
neko plakati

*

suze povezuju
radost i žalost
to je život

*

nekad smo plakali
zajedno
sad svako plače sam
sad više nemam
sa kim plakati

cvili mali čovek
u velikom jadu
*
cvili
ne sme glasnije
da ga nesreća ne čuje
*
cvilimo poraženi
nismo verovali
u nesreću

ostavili su nam
svoju nesreću

*

mi a ne oni
živimo sa njihovom nesrećom

*

jedino smo mi
preživeli njihovu nesreću

on je daleko
a bol je tu
*
il da te plačem
il da me plačeš
*
plačem
žalim te
što me ne voliš
*
sanjala sam da sam plakala
probudila sam se u suzama
imam suze i za snove
*
oprosti mi
što tek sad plačem
nisam smela ranije

ne plačite za njim
on je to sam uradio
*
pravite razlike
među razlozima za plakanje
*
ne plačite
za boljima od sebe
*
čuvajte suze
za ozbiljnije prilike

25

neka plače ko je kriv
manje je kriv ko plače
ko plače kao da se kaje
ne pitaju ga šta je radio
pitaju ga zašto plače
a on ne sme da kaže
već plače sve više
dok mu ne kažu — nije važno
samo nemoj više plakati

i među suzama
kao među ljudima
ima razlikâ
*

skromni ljudi
stidljivo plaču
znaju svoju meru
i u plakanju
*

sebični ljudi
ni suze ne daju
*

plače od sreće
to su neke druge suze
*

glupi plaču zbog gluposti
nemaju zbog čega drugog
*

mali ne plaču
već cmizdre
nemaju
ni pravih muka
ni pravih suza
*

mala muka i mala suza
stide se
pred velikima
*

lako zaplaču
samo zaboravni

stalno plače
da ne mora plakati
zbog svega

*

plače
kao da nikad više
neće plakati

*

plače kad je sam
to je najviše
što može sebi dozvoliti

*

dok misli
ne može da plače
plače
tek kad se seti

*

oplakuje tuđu nesreću
jer ne shvata svoju

*

živi i plače
svega mu je žao

*

plače
plaši se sreće
sreća je uzrok
nesreće

*
plače
što je živ
što nije mrtav

*
ne plače
čuva suze
za svaki slučaj

kukaju žene
one su za sve krive
one rađaju nesrećne ljude
*
same rađaju svoje nesreće
*
majke oplakuju decu
nisu ih mogle sačuvati
*
srećni umiru pre svoje dece
*
samo ko rađa zna težinu smrti

ne plaču oni
koji su znali
da će se plakati

*

suza mudraca je
u njegovoj mudrosti

ne plačemo
za dobrim ljudima
već za njihovom
dobrotom
*
otplakali smo
sve što smo naučili
*
plačemo
i opraštamo sebi
sve što nam ne bi oprostili
oni za kojima plačemo
*
plačemo
pomažemo sebi
kad njima ne možemo
pomoći
*
nikom nismo ostali dužni
sve smo oplakali

za kim da plačemo
za onima kojih nema
ili za nama

*

plačemo
ne znamo zašto plačemo
možda nismo plakali
kad je trebalo plakati

*

nesreća je nepravda
ne znamo zbog čega
više plačemo

*

nismo to zaslužili
nesreća je velika nepravda
kao i sreća

*

plačemo
žao nam je drugih
sebe ne možemo žaliti
ako žalimo druge

*

neko će zaplakati
kad drugi zaborave
da su plakali

*

gledamo u prošlost
kroz suze
pa nam se čini
lepša no što je bila

*
malo života
za mnogo plakanja
mnogo plakanja
za malo života

ko nema veću
plače
zbog male nesreće
*

nesrećo
nemoj na nju
ona već ima svoju nesreću
*

iz jedne nesreće
mnogo nesreća
*

veća je nesreća
od nas
mali smo
za mnogo nesreća
*

nema sreće
nesrećni su samo oni
koji ovo ne znaju
*

nesreća je dokaz
da boga nema
ni sreća ga ne bi mogla
dokazati

smrt i suze
to je banalno
život i suze
to je nešto bolje
*

suza je
narodni lek
protiv bolova
*

suzama protiv nepravde
*

oči kao saće
suze kao med
*

nekome su suze blizu
a nekome daleko
neko plače odmah
a neko tek posle
*

potroših te kroz suze
*

nikada više
ničega
sem suza

plačimo
za onima
koji su krivi
kojima nema pomoći

*

plačite na vreme
dok ste mladi
dok još možete
žaliti druge

*

treba samo zaplakati
i posle imamo
zbog čega plakati

*

plačite za živima
jedino su oni nesrećni

*

ne vredi plakati
plačimo zato što ne vredi

*

plačite nizbogčega
ako nemate zbog čega

*

treba plakati
uvek neko ili nešto
ostane neoplakano

neka plaču
koji nisu plakali
oni imaju više suza
od nas
*
neki plaču
iz sujete
malo bola u mnogo vode
limunada od suza
*
plače na tuđem grobu
jer nema svoga
*
ne čuju oni
zbog kojih plačemo
ali vide drugi
*
škrt je
i na suzama

ubice uče da plaču
od onih
koje su ubijali

*

ubice plaču
plaše se jedino
svoje smrti

lepo je na groblju
*

plačemo
nikad nisu bili bolji
nego sad
*

najlakše se
opraštamo
od dobrih ljudi
dobri ljudi
najmanje traže
od nas
*

proslavili smo ih
suzama
da su živi
ne bismo ih toliko
voleli

čija je ovo suza
da li je moja
smem li joj se obradovati
moja suza?!
*
zbogom
neka ti je laka
moja suza
*
ne verujem više
svojim suzama
*
plačem za onima kojih nema
nemam nikog drugog
*
ne mogu se boriti
ni protiv suza
*
zašto si nas
rasplakao
ako si nas
voleo

plačemo
za onim što nemamo
a sramota nas je
od svega što imamo
*

što više imamo
sve više plačemo
za onim što nemamo
*

plačemo
ne smemo da mislimo
na ono
što nam ne bi dalo da plačemo
*

bežimo od živih
da plačemo
one koji nisu
stidimo se
jednih i drugih
*

plačemo
poslednji put volimo
one koje smo voleli
*

plačemo za onima
koje nismo voleli
što ih nismo voleli
*

oplakasmo ih
i odosmo dalje
da plačemo
nekog drugog

plakali smo
a nismo znali
šta nas sve čeka
*
plakali smo
kad nismo morali
a sad ne možemo
*
sve smo zaboravili
zaboravili smo
i da smo plakali
*
gde su one suze
nema onih suza
umrle su
*
presušile su oči
postale su slepe za suze

plakala sam te
da te isplačem
da te više
za mene nema
*
plače glasno
da je čuju
oni koji je
ne vide
*
nema toliko suza
koliko plače
*
svih nam je žao
a najviše nas
*
plače kad je sama
ne može da plače
kad drugi plaču
*
cvili stidljivo
kao što je i volela
*
ne daj me suzama
*
najlepše svoje suze
čuvam za tebe
*
ne diraj me u suze
*
imala je svedoke
da je plakala

ne plači
niko ne voli nesrećne
*
ne plači
ako možeš
*
ne plači uvek isto
promeni malo
plači nešto drugo
*
stegni zube
ne plači
ne moli sebe za oproštaj
*
ne plači
ne daj se suzama
*
ne plači mnogo
ostavi za posle
*
ne plači
dok drugi plaču
*
malo plači
više trpi
plati koliko treba
*
budi pošten
ne plači

*
ne plači
pred drugima
*
ćuti ćuti
da te ne čuju oni
zbog kojih plačeš
*
ne plači
ako ne želiš
da zaboraviš

ko ume da se smeje
ume i da plače
*

zdrave oči zdravo plaču
bolesne bolesno
*

naši su samo oni
za kojima možemo
plakati
*

junaci ne plaču
njih oplakuju
*

narodne mudrosti
pune su suza
*

onima
koji groba nemaju
grob je cela Zemlja

plačemo pred onima
koji nas nikad neće razumeti
*
plačemo
i razgovaramo
sa onima kojih nema
*
plačemo
za onima koji su jedino mogli
plakati za nama
*
plačemo
zovemo one
koji nikad više
neće doći
*
plačemo
dozivamo one
što se nikad više
neće odazvati

lakše je
posle plakanja

*

ne može se reći
to što se oseća

*

moramo plakati
da bismo mogli živeti

*

što više plaču
sve manje žale

*

umorila se tuga
od plakanja

zna šta je bol
ume da plače
ali ga ničiji bol
ne dira
*

ume da plače
ne ume da žali

plače
plaši se smrti
nije mu žao života
plaši se smrti

*

plače
plaši se smrti
ne zna šta je to

*

plače
plaši se smrti
ima još vremena
samo da plače

rano je zaplakala
moraće da živi
bez suza

*

rano je zaplakala
kako će doplakati

*

može zaplakati
za svim i svačim
žao joj je
svega i svačega

*

plakala je
ničeg se nije nagledala

*

zbogom
poslednji put
plače za tobom
čekaju je drugi

stidi se da plače
nema prava da plače
kasno je da plače

*

plačemo na kraju
kasno i uzaludno

●

ne vredi plakati
plakati treba u mladosti
kad ima leka i izlaza

*

plačemo kasno
od plakanja
više mi imamo
koristi
nego oni

znamo kako se plače
i to smo naučili

*

čovek je
samo dok plače

*

dosta nam je svega
sem plakanja

*

odoše
i ne vratiše se
čekamo
ali ne njih
plačemo i čekamo
ali ne njih

*

plačemo
za izgubljenim suzama onih
koji nikada nisu mogli zaplakati

*

nije strašno
ako imamo vremena za plakanje
mnogi ga nisu imali

*

dobro je
sve dok možeš
da plačeš

svi plačemo
nesreće se ne mogu
upoređivati
i meriti
*
svako ima
razloga da plače
neki to ne znaju
i ne plaču

plaču ostavljeni
zaboravljeni
potrošeni
i nepotrebni
*

cvile bespomoćni
ne razumeju
svoju nesreću
*

plaču
zaboravljeni
i ostavljeni
ostavili su im
samo suze

ne plačite
za dobrim ljudima
njima bi bilo žao
što plačete
*
ne plačite
za dobrim ljudima
oni to nisu
zaslužili
*
ne plačite
za dobrim ljudima
život je nedostojan
dobrih ljudi
*
ne plačite
za dobrim ljudima
ne vređajte ih
*
ne plačite
za dobrim ljudima
oni nisu
tražili više
*
ne žalite
dobre ljude
žalite sebe

žene plaču
muškarci se truju
neisplakanim suzama
*
žene plaču
za drugima
muškarci
za sobom
*
muškarci plaču iznenada
nespremni
*
žene plaču
to im je sve
i za radost
i za tugu
*
žene oplakuju žive
kad umru
još jednom plaču
*
žene ostaju
da plaču za nama

kad suze isteku
strašno je ono što ostaje
*
bol ima suze
i ono drugo
što ostaje
posle suza
*
šta ćemo
sa onim
što ostaje
posle plakanja

svi plačemo
a najviše mi

*

spremite se
za plakanje
to je sledeće

*

ko voli sebe
oplakuje sebe

*

neka neka
svako će plakati

plačemo
stidimo se onih
za kojima plačemo
*
plačemo
da nam oproste
oni za kojima plačemo
*
plačemo
setili smo se
šta smo sve
zaboravili
*
ponekad plačemo
bez povoda
razloga imamo
*
kad je teško
najlakše je plakati
*
plačemo i izvinjavamo se
svima onima
koji su umrli umesto nas
*
plačemo
nikome više ne možemo pomoći
osim sebi

ponovo plačemo
da zaboravimo
zašto smo nekad plakali

*

plačemo
žao nam je svih onih
koji više ne znaju
plakati

*

nema pravde
ima suza

*

što nismo učinili
isplakaćemo

*

plačemo za onima
koji se nikako drukčije
nisu dali voleti

*

plačemo
takav je red
i drugi plaču

daleko smo
razgovaramo suzama
*

suzama se sećamo
*

suzama se dopisujemo
*

živi i mrtvi
dozivaju jedni druge plačem
*

suzama vraćamo dugove
*

umijemo se suzama
i osećamo se bolje
*

plačemo
branimo one koje volimo

ništa nije otrpela
sve je otplakala

*

plaču samo oči
ništa joj drugo ne plače

*

žene stalno plaču
ne podnose suze

*

žene nemaju sreće
umiru svi koje su volele

*

nesrećne žene
oplakuju srećne muškarce

*

neke žene
stalno plaču
to nije žalosno
već dosadno

*

odakle im suze
da zbog svega plaču

nije im toliko teško
koliko im je žao
*
plaču
ne mogu bez onih
koji mogu bez njih
*
svi plaču
a samo se jedan stidi
*
ne može se isplakati
može se samo
zaboraviti
*
plakala je
i sećala se
to je bio njen život
s njim

plačemo
pred nezasluženom srećom
*

plače
zbunjuje je sreća
ne veruje u sreću
žao joj svoje sreće
*

srećni smo
okruženi
tuđim nesrećama
*

nema poverenja
u sreću
plaši se sreće
*

sreća se ne može sačuvati

ima sreće
ali nije kao druge sreće
plače
*

drugi su manje nesrećni
zavidimo tuđoj nesreći
*

plače
nije nesrećan
ali ne ume da bude srećan
njegova je nesreća
što ne ume da bude srećan
*

ne plače više
navikao se na nesreću

suza je mala
manja od svega
da bi mogla stati
u oko

*

suze otvaraju
oči

*

suze su nam
jedina uteha
šta bismo radili
da nema suza

*

suza je mala
manja od svega
naša prava mera
baš koliko treba

*

ništa nije
baš tako i toliko
kao suza

plaču
oni koji vole
za onima
koji ih ne vole
*
neki plaču unapred
*
plaču oni koji prežive
*
plaču živi
što mrtvi
ne mogu plakati
*
plaču
svađaju se sa mrtvima
mrtvi su im se mnogo
zamerili

69

sreća
između dva plakanja

*

odmori se od plakanja
ponovo ćemo plakati

*

plači pomalo
ostavi i za sutra

*

nemoj više plakati
plakaćeš drugi put

oni za kojima plačemo
neće nikada saznati
koliko smo ih voleli
*
plačemo i kajemo se
ljudi umiru pre nego
što stignemo da im pokažemo
da ih volimo

kaplju suze
topi se tuga
*

suze spasavaju žive
samo živima suze mogu pomoći
*

ljubav i suze
ne zna se šta je
nestvarnije
*

kalendar naših suza

ne možemo biti dobri
ali umemo plakati

*

kad neko plače
imamo i mi
zbog čega plakati

*

plačemo
na granicama svojih moći
za onim što nemamo
i ne možemo

*

plačemo
jer ćemo umreti
kao oni
zbog kojih plačemo

*

dobri smo kad plačemo
nikad bolji

*

najslađe se plače
bez razloga

nemoj na mene
ja sam već plakala
*
laže i plače
kao da ne laže
*
nema vremena
ni da plače
*
i glumci plaču
naučili su
ko zna zbog čega
*
čekaju na red
da ih plačemo
*
neko plače
samo na groblju
sve ima
svoje mesto
*
nijednu suzu
nije bacila
*
ne plači sam
lepše je u društvu

jedna prava suza
sve ostalo je
ponavljanje
*

ako ništa drugo
suzu je svako zaslužio
*

slana suza
iz mora suza
*

kap suze
u pustinji lica
*

jedna suza
teža od mnogih
*

prva suza
za sve ljude i živote
a sve ostale
za sve drugo

nema ih
nisu mislili na nas
*
smrt je kraj
i početak
*
slepe
neoplakane smrti
nepotrebne
neoplakane smrti
tužne glupe
*
i nesreće stare i umiru
zaboravili smo
mnogo starih nesreća
*
ima strogih mrtvaca
koji ne dozvoljavaju
da se za njima plače
*
idite
ne okrećite se
ko plače
nije to zaslužio

plačemo za onima
zbog kojih smo plakali

*

krivi oplakuju nedužne

*

plačemo
da ne umremo
da bismo mogli
plakati

*

bolje da te plačem
nego da te gledam

*

plaču
za tuđom srećom
svoju nesreću
ne vide

*

suza suzi
ne veruje

*

najlepše plačemo
za onim što nikad nismo imali

nema lažnih suza
ima lažnih ljudi
i lažnih muka

*

suzâ kao vremena

*

lepe suze
dobrih ljudi

*

nema nikoga
ima samo suze

*

suze sazrevaju u samoći

*

nema više suza
sad sve znamo

*

ljubav se pere suzama
ljubav se briše suzama
ljubav se leči suzama

žene rađaju
tuđe nesreće

*

plače i kune
što su je rodili
da rađa
tuđe nesreće

*

kukaju žene
nad nesrećama
koje su rodile

*

majke plaču
za izgubljenom decom
bolje da su plakale
što ih nemaju

*

majke plaču
za decom koju su rodile
kunu one
koji su rodili njih

*

naše majke
znaju zašto plaču
plaču i zato
što nam to ne mogu reći

*

majke plaču
za onima koji su ih rodili
i za onima koje su rodile

učini sve što možeš
pre plakanja
*

velike nesreće
i suze se uplaše
*

jedni pevaju
a drugi plaču
iz istih razloga
*

plitak je taj izvor
iz koga teku suze
*

svi plačemo
svako za sebe

ne možemo dalje
stigli smo do suza
*

lakše bismo te oplakali mrtvog
nego živog
*

našoj muci kraja nema
plakaćemo do kraja
*

mali plaču
da veliki rastu

stari ljudi ne plaču
nemaju više
za čim plakati
umorni su od plakanja
i suze su im ostarile
nemaju više suza

nismo se toliko radovali sreći
koliko oplakujemo nesreću
*
plačemo za srećom
koje nismo bili svesni
*
nesrećni
oplakuju srećnog
*
blago njima
teško nama
da su živi
ne bismo ih
toliko voleli

sve je nadživela
slana suza života
*

najskuplja je jedna suza
*

suze bez razloga
to je jedino pravo
*

jedna suza
potopi svet
*

imao je života
tek za jednu suzu
*

jedna suza
nekoj muci dosta
*

jedna suza
teža od svih
*

jedna suza
na kraju života

SUZA I IRONIJA MUDRACA

Spram velikog tihog plavog i atlanskog okeana
Šta je suza ljucka

(Branislav Petrović)

Da je suza prava mera čovekova — uči nas, evo, i Dušan Radović.

Proslavljeni pesnik, jedan od retkih čije se pesme za decu mogu svrstati u antologije poezije za takozvane odrasle — Dušan Radović je — svi su izgledi — celog života razmišljao o plakanju.

U njegovoj rukopisnoj zaostavštini nalazi se i ovaj spis, sa pesnikovim naslovom *O plakanju*. Nedovršeno, s mnogo variranja i domišljanja — ovo delo, priređeno za popularnu biblioteku „Reč i misao" — predstavlja u nas retku knjigu o plakanju.

Uz ovo izdanje misli o plakanju zabeležiću ovde samo nekoliko zapažanja.

Kod Dušana Radovića plakanje je shvaćeno kao opšti princip čovekove emocionalne prirode. Plakanja ima u svim čovekovim osećanjima (a sva osećanja stiču se u plakanju) — od rođenja do smrti: „dete plače čim se rodi — ne zna ništa drugo da radi" — „stari ljudi ne plaču / nemaju više / za čim plakati / umorni su od plakanja / i suze su im ostarile / nemaju više suza".

Ljudi različito plaču: dobri i rđavi, muškarci i žene, žene i druge žene. I za svima njima se različito plače. Te nijanse u plakanju, u razumevanju plakanja, u razlozima i svrhama plakanja — Dušan Radović hoće da promisli, registruje i izrazi nijansama mišljenja i jezika. Pri tom on misli dosetljivo, filozofski, satirično, ironično.

85

„Mala deca plaču / ne umeju da misle / umeju da plaču". Da li plakanje počinje tamo gde prestaje mišljenje i moć govora, gde se ne može dalje, gde razum ne funkcioniše? Kao da je plakanje zamena za govor, za život i misao — isto koliko je manifestacija osećanja. Iz Radovićevih misli — reklo bi se da plakanje počinje tamo gde se završavaju, ili prekidaju — život, sreća, smisao, pravda, istina: „plači plači / za sve drugo je kasno".

Plakanje je čovekovo ogledalo. U plakanju je čovekova lepota i ružnoća, njegov karakter i njegov moral. Plakanje je istovremeni odraz ljudske osećajne prirode, nežnosti, duše — s jedne, a odraz zla, mržnje, surovosti, pohote, nasilja — s druge strane. Plakanje je veza među čovekovim krajnostima: jedino sredstvo (ne mogu reći oružje) nemoćnih, slabih, nežnih, poniženih, a jedina slabost (ne mogu reći vrlina) oholih, okrutnih, svirepih.

Plakanje je uvek između tuge i radosti, sreće i nesreće, pameti i gluposti — među polovima sveta.

U nekim mislima Dušana Radovića kondenzovana je cela sudbina, sav život, parabola čitavog romana: „oprosti mi / što tek sad plačem / nisam smela ranije".

Naš pesnik uočava razliku u plakanju nad tuđom i nad svojom nesrećom. Ali ne daje konačan odgovor — gde se ove dve nesreće (kao i sreće) poklapaju, gde se mimoilaze. A sreća i nesreća, takođe, nisu tako udaljene i različite kako se to u prvi mah čini. Možda njih baš ljudsko doživljavanje, osećanje i plakanje — približava i izjednačuje: „plače / plaši se sreće / sreća je uzrok / nesreće".

U plakanju preovlađuje „ljudski faktor". Pisac ove knjige želi da kaže kako je čovek najpre po plakanju čovek: „plačite nizbogčega / ako nemate zbog čega". Ironično promišljajući i nadgrađujući opštu istinu da čovek greši čak i u plakanju, da može plakati za pogrešnim stvarima, smislovima i ljudima, kao i za onima za kojima se plakati sme — u zamenu za one za kojima se ne sme plakati — Radović nagovara na plakanje kao na lek i iskupljenje: „treba plakati / uvek neko ili nešto / ostane neoplakano".

Čovek se poznaje po plakanju. Karakter se može meriti i razlikovati po suzama. Kao da je plakanje analogno životu. Plač liči na onoga ko plače: „škrt je / i na suzama".

Može čovek biti mek na suzama, tvrd na suzama, besuzan. Po suzama se mogu prepoznati i ubice. I o tome razmišlja Duško — kako ubice plaču.

Plakanje je povezano sa sudbinom: „plaču i oni / zbog kojih su mnogi plakali / kad na njih dođe red". Plakanje kruži u prirodi, kao voda. Postoje ljudi koji nikad nisu plakali i oni koji nikad nisu prestali da plaču. Ni oni koji nikad nisu plakali — ne mogu biti sigurni da jednom neće plakati.

Dušan Radović ponajviše razmišlja o plakanju za mrtvima. U mislima o plakanju za mrtvima — ima najviše tragike i najbolje ironije. Radović misli da ne treba plakati za dobrim ljudima (kao da je pesnik, ponajviše, razmišljao o sebi) „dobri ljudi / najmanje traže od nas" — „da su živi / ne bismo ih toliko / voleli" — „ne plačite / za dobrim ljudima / život je nedostojan dobrih ljudi" — „ne žalite / dobre ljude / žalite sebe".

U ovoj knjizi nahodi se ceo niz misli o plakanju za dobrim ljudima.

Plakanje i ljubav su u gotovo svim Radovićevim mislima o plakanju. Posebne su vrste plača — za ljudima koji su bili voljeni, ili su nas voleli. U ovoj knjizi čas ima više tragike, čas ironije: „plačemo / poslednji put volimo / one koje smo voleli". Posle niza ovakvih tragičkih misli o plakanju — obično sledi ironija ili crni humor: „oplakasmo ih / i odosmo dalje / da plačemo / nekog drugog". I jedne i druge misli pružaju dobre mogućnosti razrađivanja, tumačenja, nadgradnje.

U mislima o plakanju i ljubavi ironija Dušana Radovića je najrazornija. Ali ta ironija samo pojačava dubinu na izgled jednostavnih misli: „plačemo i kajemo se / ljudi umiru pre nego / što stignemo da im pokažemo / da ih volimo" — „plačemo za onima / koji se nikako drukčije — nisu dali voleti".

Plakanje je, dabome, izrazito moralni čin ponašanja i oblik života, osećanja. Moral plakanja je jedan od osnovnih aspekata Radovićevih misli. U njima se, doduše, samo nagoveštava složenost moralnih normi plakanja. U stavu — „odlaze / dobri ljudi / plaču gori / od njih" — otkrivam prvi i početni moralni aspekt. Uz misli o lažnom i istinskom plakanju ide adekvatna ironija, s prizvukom nama bliskih i prepoznatljivih situacija: „imala je svedoke / da je plakala". Moral i plač u bliskoj su vezi: „budi pošten / ne plači".

Razvijanjem mišljenja o plakanju i jezičkim variranjem-pomeranjem-menjanjem-poigravanjem izrazom tog mišljenja, Dušan Radović je neretko zatvorio krug smisla i doveo ga do paradoksa, ili punog poetskog značenja.

U odnosu na sećanje i zaboravljanje, na primer, plakanje se javlja u sasvim istoj funkciji: „plačemo / setili smo se / šta smo sve / zaboravili" — „ponovo plačemo / da zaboravimo / zašto smo nekad plakali".

Plakanje u jednom sloju pisac tretira kao tragičan i ozbiljan, uz to najljudskiji oblik čovekovog ponašanja i ispoljavanja, a u drugom, ravnopravnom, svagda paralelnom sloju — kao pogodan teren za ironiju, dosetku, sarkazam, parodiju, grotesku.

Nekad duboka misao: „najlepše plačemo / za onim što nikad nismo imali", nekad poslovica, nalik narodnoj: „plači / to je zdravo", nekad metafora, kao stih lirske pesme: „suze sazrevaju u samoći", nekad kao citat iz klasičnih „misli velikih ljudi": „nema lažnih suza / ima lažnih ljudi / i lažnih muka", nekad aforizam, a nekad sažeta sudbina-pripovetka — misao Dušana Radovića spaja strogi starinski moral sa savremenom jezičkom igrom-rugalicom i neretko — od osećanja skepse i humora dospeva do univerzalnih sentenci: „srećni umiru pre svoje dece", ili „samo ko rađa zna težinu smrti". Ove misli sežu mnogo dalje od teme plakanja, kao što i samo plakanje spaja i razdvaja različite polove neuhvatljive čovekove prirode.

Tako motiv plakanja u mislima ovog pesnika — od pojedinačne i opšte ljudske osobine — prelazi u razuđenu filozofsko-literarnu hrestomatiju koja povezuje gotovo sva osećanja i fenomene života i prelazi u dublja pitanja o čovekovoj nesreći, udesu, bolu, postojanju.

Pred nama je, dakle, knjiga koja sadrži principe, zakone i paradokse plakanja, pravila plakanja, opšta mesta plakanja, vrline i mane plakanja. Stoga je ovo u srpskom jeziku prva enciklopedija plakanja, mala kao suza, ali koja kazuje kao što suza izražava, povezujući i produhovljujući razne ideje — jezikom plakanja, rečju i mišlju o plakanju. U ovoj knjizi nalaze se osnovi opšteg plakanja, forma i sadržina plakanja, tuga i opomena plakanja. Ovo je naša biblija plakanja, etika i estetika plakanja. Sad možemo reći da posedujemo mit o plakanju, nauku o plakanju, poeziju o plakanju. To je naša istorija plakanja (a možda nam se čitava istorija sastoji od plakanja). Rečju — *Plač Duška Radovića.*

„Ako ništa drugo / suzu je svako zaslužio".

Dragan LAKIĆEVIĆ

—

Izdavačko preduzeće
RAD
Beograd, Dečanska 12

*

Glavni urednik
IVAN GAĐANSKI

*

Grafički urednik
MILAN MILETIĆ

*

Lektor
MILIVOJ SREBRO

*

Korektor
JOVANKA SIMIĆ

*

Nacrt za korice
JANKO KRAJŠEK

Realizacija
ALJOŠA LAZOVIĆ

*

Za izdavača
SIMON SIMONOVIĆ

*

Štampa
Elvod-print, Lazarevac

CIP – Katalogizacija u publikaciji
Narodna biblioteka Srbije, Beograd

886.1/.2-84

РАДОВИЋ. Душан
        O plakanju: misli / Dušan Radović ; priredio Miladin Ćulafić. –
Beograd ; Rad, 1999 (Lazarevac : Elvod-print). – 88 str. ; 18 cm. –
(Reč i misao. Jubilarno kolo ; knj. 403)

ISBN 86-09-00649-2

I Radović, Dušan

1. Ћулафић, Миладин, прир.
2. Лакићевић, Драган, п. пог.

886.1/.2:929 Радовић, Д.

ПК:а. Радовић, Душан (1922–1984) – „О плакању"

www.ingramcontent.com/pod-product-compliance
Lightning Source LLC
LaVergne TN
LVHW021614080426
835510LV00019B/2566